왜? 하나님은 창조주인가? 확실한 증거

왜? 하나님은 창조주인가? 확실한 증거

■ 하지혜 · 글 그림 ■

두레

최후의 만찬
the lord's supper

"그들이 먹을 때에 예수께서 떡을 가지사 축복하시고 떼어 제자들에게 주시며 이르시되 받아서 먹으라 이것은 내 몸이니라 하시고 또 잔을 가지사 감사 기도 하시고 그들에게 주시며 이르시되 너희가 다 이것을 마시라 이것은 죄 사함을 얻게 하려고 많은 사람을 위하여 흘리는 바 나의 피 곧 언약의 피니라"

(마태복음 26장 26~28절)

"인자가 온 것은 섬김을 받으려 함이 아니라 도리어 섬기려 하고 자기 목숨을 많은 사람의 대속물로 주려 함이니라" (마가복음 10장 45절)

차 례 contents

시작하며 | 왜 만물의 영장인가? ················ 10

■ 창조인가? 진화인가? 확실한 증거 ········ 25
1. 하나님은 존재하시는가? ················· 26
2. 하나님이 계신 것을 어떻게 알 수 있는가? ······· 38
3. 하나님이 계시다는 증거는 무엇인가? ·········· 54
   ① 과학적 증거 : 할례의 비밀
   ② 역사적 증거 : 유럽을 휩쓴 흑사병
   ③ 기상학적 증거 : 물의 순환과정
   ④ 천문학적 증거 : 허공에 떠 있는 지구
4. 성경은 왜 하나님의 말씀인가? ·············· 64
5. 영원한 베스트 셀러 성경 ················· 74
6. 영적인 책 성경 ······················ 77
7. 성경의 놀라운 통일성 ·················· 84
8. 성경의 놀라운 보존성 ·················· 90
9. 성경의 놀라운 역사성 ·················· 96
10. 성경의 예언은 반드시 이루어진다. ············ 102
11. 왜 하나님을 믿어야 하는가? ··············· 110

맺는 글 | 죽음 후에 오는 하나님의 심판 ······ 104

내가 주께 범죄하지 아니하려 하여
주의 말씀을 내 마음에 두었나이다
찬송을 받으실 주 여호와여
주의 율례들을 내게 가르치소서

내가 주의 법도들을 작은 소리로 읊조리며
주의 길들에 주의하며
주의 율례들을 즐거워하며
주의 말씀을 잊지 아니하리이다

내 눈을 열어서 주의 율법에서
놀라운 것을 보게 하소서

(시편 119편에서)

| 시작하며 |

왜 만물의 영장인가?

만약 우연히 목적 없이 태어난 생명이라면 거기에 무슨 의미가 있고

무슨 가치가 있고, 무슨 희망이 있겠습니까?

그것이 바로 현대인의 불안이요, 공허요, 방황이며 좌절인 것입니다.

시편 49편 20절 "존귀하나 깨닫지 못하는 사람은 멸망하는 짐승 같도다"

사람과 짐승은 분명한 차이점이 있습니다.

짐승은-절대 양심이나

난 정말 나뻐~! 옆집 강아지 뼈다귀를 몰래 훔쳐다 먹다니…

신(神)을 섬기는 종교심이 없습니다.

그리고 영원을 사모하는 영생(永生)의 소망이 없습니다.

혹시 노후나 내세(來歲)를 걱정하는 짐승을 보셨습니까?

혹시 기도하는 원숭이를 보셨습니까?

이 같은 현상들은 결코 짐승에게서는 발견할 수 없는 오직 사람만이 지닌 고유한 특징 중에 하나입니다.

왜 인간이 만물의 영장(靈長)입니까?

그것은 바로 인간의 존엄성을 말하는 것으로

우리는 하나님의 계획과 목적을 위해

하나님의 형상대로 지음 받은 영혼을 지녔기 때문입니다.

히브리서 11장 15~16 "그들이 나온 바 본향을 생각하였더라면 돌아갈 기회가 있었으려니와 그들이 이제는 더 나은 본향을 사모하니 곧 하늘에 있는 것이라"

사람이란 말은 헬라어로 「안쓰로포스」로

「위를 바라보는 존재」라는 뜻입니다.

짐승은 땅만 보며 살지만

사람은 하늘을 바라보며 영원을 헤아립니다.

그 이유는 하나님께서 사람에게 「영원을 사모하는 마음」(전3:11)을 주셨기 때문입니다.

그러나 자신의 존귀함을 깨닫지 못하는 사람들은

영혼의 중요성을 알지 못한 채

눈에 보이는 육신적인 것만을 추구하며 살아갑니다.

마치 이 세상이 전부인 양 스스로 미물(微物)이 되어 짐승처럼 살아가는 것입니다.

이 모두는 바로 창조주를 부인한 결과이기도 합니다.

짐승이 진화된 것이 사람이라고 생각하는 터에

그 사람이 타인에게

짐승처럼 행동하는 것은 그리 어려운 일이 아니기 때문입니다.

시편 14편 1절 (전 반절)
"어리석은 자는 그의 마음에 이르기를 하나님이 없다 하는도다"

이 세상에는 부모 없는 육신적인 고아들도 많지만

실상 영적인 고아들은 훨씬 더 많은 것 같습니다.

천지만물을 지으시고 모든 피조물들에게 생명과 호흡을 친히 주시는

창조주 하나님을
알지 못한 채 살아간다면
그 사람이야말로
가장 불쌍하고 가련한
영적 고아임이
틀림없습니다.

설사 그 사람이 아무리 많은 지식과 부와 명예를
지닌 사람이라 하더라도

애국가에도 「하나님이 보우하사 우리나라 만세」라는 구절도 있듯이

하나님을 아는 것이 곧 선(善)이요. 모르는 것이 바로 악(惡)입니다.

이사야
51장 13절 (전 반절)

"하늘을 펴고 땅의 기초를 정하고 너를 지은 자 여호와를 어찌하여 잊어버렸느냐"

이 땅에서 살아가는 우리 모두는 나그네 (시119:54, 히11:13~14)와 같은 존재들입니다.

이 죄 많은 나그네의 입장에서 벗어나려면 반드시 우리는 하나님을 믿고 그리스도를 영접해야 합니다.

예전에 「성공시대」라는 TV프로그램이 있었습니다.

그 프로그램에 출현했던 사람들의 공통된 점이 있다면

그들은 한결같이 모두가 알아보려고 했고, 배워보려고 했고

기회가 주어졌을 때 그 기회를 놓치지 않고 붙잡았다는 점입니다.

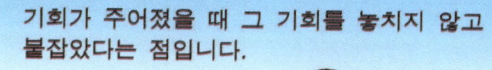

기회란 마치 달리던 열차가 잠시 간이역에 머무르는 것과도 같습니다.

값없이 거저주시는 하나님의 놀라운 은혜와 영생의 축복은

"이 잔은 내 피로 세우는 새 언약이니 곧 너희를 위하여 붓는 것이라"
(누가복음 22장 20절)

이미 당신 곁에 가까이 다가와 있습니다.

당신을 향하신 하나님의 그 크신 사랑을 더 이상 외면하는 어리석은 자가 되지 않기를 간절히 기원합니다.

"네가 부를 때에는 나 여호와가 응답하겠고 네가 부르짖을 때에는 내가 여기 있다 하리라"
(이사야 58장 9절)

이사야 1장 18절
"여호와(하나님)께서 말씀하시되 오라 우리가 서로 변론하자 너희의 죄가 주홍 같을지라도 눈과 같이 희어질 것이요 진홍 같이 붉을지라도 양털 같이 희게 되리라"

1. 하나님은 존재하시는가?

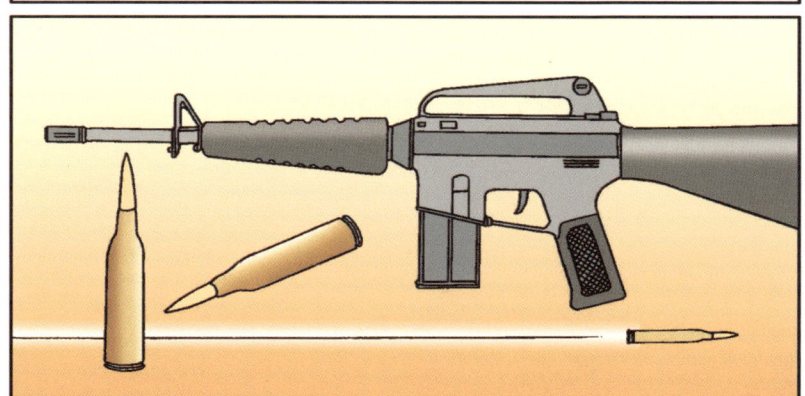

옛말에도 "하충부지빙(夏蟲不知氷)"과 "고선지부지설(高仙芝不知雪)"이라는 말이 있습니다.

이 말은 여름 벌레는 겨울을 모르고

"겨울이 있는데 무진장 춥대~"
"이 자식이 누구한테 사기를 쳐~!"

여름 매미는 겨울 눈(雪)을 모른다는 뜻입니다.

맴맴맴맴

짐승이나 벌레가 사람의 마음을 헤아릴 수 없듯이 피조물인 인간역시도 마찬가지입니다.

만약 하나님께서 인류 인생들에게 자신을 직접 드러내 알려주지 않으셨다면 인간의 불완전한 눈과 좁은 식견으로 어찌 하나님을 알고 믿을 수가 있겠습니까?

영이신 하나님은 육신을 가진 인간들의 눈에는 보이지 않기 때문입니다.

마치 집안 구석을 기어 다니는 작은 벌레가 그 집이 어떻게 지어졌는지, 그 집 주인은 또 어떤 사람이고 무슨 일을 하는지 전혀 알 수 없는 것과도 같습니다.

성경에는 하나님을 가리켜 "스스로 계신 분"(출3:14)이며 "회전하는 그림자도 없다"(약1:17)라고 알려주고 있습니다.

그러나 이런 사실을 믿지 않는 사람들에게 하나님이 계시다고 말을 하면 도리어 「하나님이 어디 있는데」라고 반문합니다.

— 하나님은 정말 계세요.
— 글쎄 하나님이 어디 있는데…?

그렇게 말하는 가장 큰 이유는, 첫째, 자신의 눈에 보이지 않는다는 것과

둘째, 감각적으로 느껴지지 않는다는 점을 들어서 말들을 하지요.

— 겁나는 착각이군
— 그야 자유니깐~

그러나 단순히 보이지 않는다는 이유만으로 하나님이 없다고 말을 한다면 그것은 매우 잘못된 생각입니다.

왜냐하면 이 세상에는 눈에 보이는 것보다는 보이지 않는 것이 훨씬 더 많이 존재하기 때문입니다.

전파는 라디오나 TV를 통해서

그리고 너무 멀어서 볼 수 없는 우주속의 별들은 천체망원경이라는 매개체(媒介體)를 통해서만이 볼 수가 있듯이

영(靈)으로 계시는 하나님 또한 우리가 눈으로 보듯이 알 수 있는 방법은

먼저 하나님의 말씀인 성경을 통해서

그리고 하나님의 솜씨로 창조된 만물을 통해서

선민인 이스라엘 민족을 통해서

2. 하나님이 계신 것을 어떻게 알 수 있는가?

「원인이 없는 결과는 없다」는 것이 인과율(因果律)의 원리입니다.

시계가 있다면 반드시 그 시계를 설계하고 만든 사람이 있는 것이지요.

18세기 철학자 "윌리엄 페밀리(william paley)"는

모든 만물이 너무도 아름답게 어우러져 완벽한 조화를 이루고 있는 것을 볼 때,

분명 이 모두를 설계하고 지으신 지적인 존재자가 계시는 것이 틀림없다고 주장했습니다.

시계의 수많은 부속품들을 꺼내 되는대로 만져서는 도저히 시계가 조립될 수도, 작동할 수도 없다는 것이 그가 주장하는 논증의 핵심입니다.

시계는 약 150개 정도의 부품이 결합되어 만들어지고

자동차는 13만개에서 15만개정도의 부품으로 조립 생산됩니다.

비행기는 더욱 복잡해서 부품 수만도 300만개 이상이나 되고

보잉 747 여객기의 경우에는 무려 600만개 이상의 부품과 274km의 전선으로 이루어져 있습니다.

혹시 이런 것들이 우연히 저절로 생겨나서 존재한다고 말할 사람이 있을까요?

비록 우리가 만든 사람을 직접 만나 보지를 못했다 하더라도

시계, 자동차, 비행기가 「저절로」 만들어 졌다고 주장할 사람은 결코 아무도 없을 것입니다.

만약 있으면요?

있다면야 당연히~

정신병자겠죠~

그렇다면 하늘에 떠있는 태양과  달과 수많은 별들  그리고 우리가 살고 있는 지구와

또 그 위에서 살아 숨쉬고 있는 수많은 생명체들은 어떻게 처음 생겨나게 되었을까요?

과연 우연히 저절로 생겨난 것일까요…?

어찌 이 모두가 저절로 생겨났다고 말할 수가 있겠습니까.

그 정밀함을 어찌 시계나 자동차, 비행기에 비교할 수가 있겠습니까.

「저절로」라는 이론은 결코 성립될 수가 없습니다.

만약 저절로 생겨났다면 그 자체가 곧 무질서이고 혼돈(混沌)의 상태일 것입니다.

그러나 우리가 살고 있는 이 세상은 놀라우리만치 정확한 질서와 법칙 속에서

한순간도 쉬지 않고 살아서 움직이고 있다는 사실을 확인해 볼 수가 있습니다.

우주에 떠있는 수많은 별들 가운데 오직 지구에만이 생명체가 존재할 수 있는 갖가지의 모든 조건을 갖추고 있기 때문입니다.

간단히 우리가 살고 있는 지구만 잠시 살펴보아도 너무도 놀랍고 신비롭기만 합니다.

지구에 사람이 존재하려면 무려 20만 가지 이상의 완벽한 조건이 갖추어져야 한다고 과학자들은 설명하고 있습니다.

특히 놀라운 사실은 지구가 허공에 떠있는 상태로 정지되어 있는 것이 아니라 이 순간에도 태양을 중심으로 1억 5,000만㎞의 일정한 거리를 유지하면서 시속 10만 8,000㎞라는 무서운 속도로 태양 주위를 잠시도 쉬지 않고 돌면서 공전하고 있다는 사실입니다. 「365일 5시간 48분 48초」 단 1초도 안 틀리고 돌아갑니다.

　더욱이 지구의 자전(自傳) 속도는 적도를 중심해서 시속 1,000마일(1,660㎞)의 속도로 「24시간 4.09초」라는 정확한 시간과 속도를 유지하면서 자전하지요.

　만약에 지구가 태양과의 정확한 거리를 유지하지 못하고 조금이라도 그 궤도(軌道)를 이탈하게 된다면 우리 모두는 또 어찌 될까요? 그럴 경우 이 땅에 살고 있는 모든 생명체들은 순식간에 타죽거나 얼어 죽게 되겠지요.
　하지만 지구는 결코 단 한번도 그 궤도를 이탈하지도 그렇다고 1초의 시간도 어기지 않으면서 이 순간에도 태양주위를 열심히 돌고 있지요.

이사야 40장 26절
"너희는 눈을 높이 들어 누가 이 모든 것을 창조하였나 보라 주께서는 수효대로 만상을 이끌어 내시고 그들의 모든 이름을 부르시나니 그의 권세가 크고 그의 능력이 강하므로 하나도 빠짐이 없느니라"

도대체 그 엄청난 힘과 에너지는 다 어디로부터 오는 걸까요?

단 한번의 사고도 없이 지구를 움직이는 그 놀라운 조종사는 과연 어떤 분일까요…?

만약 인간이 만든 비행기를 지구와 비교한다면 그야말로 어린아이 장난감 수준에도 못 미치는 것 이지요.

비교할 걸 해야죠~

누굴까…?

어떤 분이지…?

이사야 45장 12절
"내가 땅을 만들고 그 위에 사람을 창조하였으며 내가 내 손으로 하늘을 펴고 하늘의 모든 군대에게 명령하였노라"

만약 하나님을 믿지 않는 사람들에게 비행기는 저절로 생겨나서 저절로 하늘을 날아 다닌다고 말을 한다면 당연히 미친 사람 취급을 하겠지요.

비행기는 저절로 생겨난 게 확실해~

저절로 날아다니는 것도 맞다니깐요~

미친 사람도 급수가 있다더니

바로 저 사람들을 두고 한 말인가 봐요.

엄마~ 저 사람들 미친 사람들이야

하물며 비행기도 그런데 어찌 이 거대한 지구가 저절로 생겨나고 저절로 돌고 있다고 생각할 수가 있겠습니까.

> "집마다 지은 이가 있으니 만물을 지으신 이는 하나님이시라"
> **히브리서** 3장 4절

달 또한 잠시도 쉬지 않고 부지런히 활동합니다.

달은 지구에서 38만km 떨어져 지구 주위를 계속 돌면서 240km의 궤도를 시속 3,600km의 속도로 반원형을 그리며 28일 만에 한번씩 돌지요.

모두가 하나님 뜻이죠.

달님도 바쁘시군요.

지구씨는 더 빠쁘신 걸요.

달의 그 운동에 따른 인력의 차(差)에 의해 밀물과 썰물이 생겨 바닷물을 정화시키고 신진 대사를 촉진시키며 지구의 환경과 기후까지도 적절하게 조절합니다.

만약 달이 없다면 조수간만으로 인해서 살아가는 갯벌의 생물들은 모두가 멸종하게 되고

더욱이 지구의 자전속도가 빨라지고 공전궤도가 태양 쪽으로 가까워지게 됩니다.

저는 지구 씨를 위해 존재하옵니다.

결국은 달 역시도 생명의 별 지구를 위해서 존재하고 활동하는 것이지요.

이 얼마나 놀랍고 경이로운 일입니까!

느헤미야 9장6절

"오직 주는 여호와시라 하늘과 하늘들의 하늘과 일월 성신과 땅과 땅 위의 만물과 바다와 그 가운데 모든 것을 지으시고 다 보존하시오니 모든 천군이 주께 경배하나이다"

마치 톱니바퀴가 맞물려 돌아가듯이 너무도 정밀하게 설계된 세상을 보면서

우주 만물 중에 극히 작은 일부분만 살펴보아도 이 모두가 결코 우연히 생겨날 수 없다는 명확한 결론에 이르게 됩니다.

비록 우리가 창조주를 직접 눈으로 볼 수는 없지만 반드시 이 모두를 설계하고 지으신

전능자가 계시다는 사실에 분명한 확신을 갖게 되는 것입니다.

요한복음 1장 3절
"만물이 그로 말미암아 지은 바 되었으니 지은 것이 하나도 그가 없이는 된 것이 없느니라"

질서와 정돈 그 자체에는 이미 지적인 설계가 내포되어 있음을 우리 모두는 절대 기억해야 합니다.

아멘

요한계시록 4장 11절
"우리 주 하나님이여 영광과 존귀와 권능을 받으시는 것이 합당하오니 주께서 만물을 지으신지라 만물이 주의 뜻대로 있었고 또 지으심을 받았나이다 하더라"

위대한 과학자 뉴턴(Sir Isaac Newten, 1624~1727)은 많은 학자들 앞에서 자신이 발견한 만유인력(萬有引力)의 법칙을 설명하면서

이 우주는 지금도 보이지 않는 힘과 법칙에 의해서 존재하고 있는데 그것이 곧 하나님의 능력이요, 하나님의 말씀이라고 설명하고 있습니다.

그는 또 말하기를 「내가 발견한 것은 어린아이가 작은 조개껍질 하나를 주운 것과도 같다. 내 앞에 망망한 바다가 있듯이 나는 하나님에 대해서 모르는 것이 너무 많다.」라고 고백하였습니다.

"참으로 아름다운 태양과 행성과 혜성의 체계는 지혜와 힘으로 충만하신 창조주의 계획으로부터 태어날 수밖에 없다. 지고하신 하나님이 필연적으로 존재한다는 것은 사물을 통해서 인정된다."

(뉴튼의 저서 「프린키피아」에서)

> **로마서** 1장 20절
> "창세로부터 그의 보이지 아니하는 것들 곧 그의 영원하신 능력과 신성이 그가 만드신 만물에 분명히 보여 알려졌나니 그러므로 그들이 핑계하지 못할지니라"

우리는 주변에 펼쳐져 있는 세상 만물만 잘 살피고 관찰해 보아도 하나님이 계시다는 사실을 결코 부인할 수가 없습니다.

이 순간에도 놀라운 질서와 규칙 속에서 살아 움직이는 웅장한 대 우주와

우리를 둘러싸고 있는 기적과 같은 대자연들

아름다운 꽃, 각종 열매 맺는 나무들

나는 새, 흐르는 물

3. 하나님이 계시다는 증거는 무엇인가?

| 잠언 9장 10절 | "여호와를 경외하는 것이 지혜의 근본이요 거룩하신 자를 아는 것이 명철이니라" |

'여호와' 라는 이름은 히브리인들에게 계시(啓示)된 창조주의 이름입니다.

가나안 사람들은 '엘엘론' 이라고 불렀고 한국 사람들은 '하나님' 이라고 부르는 것입니다.

이사야 42장 8절 "나는 여호와이니 이는 내 이름이라"

태평양에 바닷물을 다 퍼내서 마셔 보아야 바닷물이 짜다는 것을 알 수 있는 것은 아닙니다.

그것은 인간의 능력으로 알 수 있는 것과 알 수 없는 것이 있기 때문입니다.

인간의 능력으로는 도저히 알 수 없는 것들을 자세히 설명해 주시는 분이 계시다면 그 분은 과연 어떤 분일까요?

하나님 역시도 몇 가지 증거(證據)만 살펴보아도 하나님이 창조주라는 사실을 어렵지 않게 확인해 볼 수가 있습니다.

이제라도 우리는 말씀을 깊이 상고하면서 한 번쯤 곰곰이 생각해 보아야 하겠습니다.

예레미야 9장 24절 "자랑하는 자는 이것으로 자랑할지니 곧 명철하여 나를 아는 것과 나 여호와는 사랑과 정의와 공의를 땅에 행하는 자인 줄 깨닫는 것이라 나는 이 일을 기뻐하노라 여호와의 말씀이니라"

① 과학적 증거 할례의 비밀

성경 창세기 17장에는 하나님께서 아브라함에게 나타나셔서 모든 남자는 생후 8일 만에 할례(포경수술)를 받으라고 말씀하십니다.

"너희의 대대로 모든 남자는 …… 난 지 팔 일 만에 할례를 받을 것이라" (창세기 17장12절)

그런데 하나님께서는 수많은 날들 가운데 왜 꼭 8일째 되는 날에 할례를 받으라고 하셨을까요? 그 이유는 3,500년이 지난 오늘날에 와서야 비로소 그 비밀이 과학자들에 의해서 밝혀졌습니다. 1935년 코펜하겐 대학의 담(H. dam)박사는 닭의 출혈을 방지하는데 유효한 성분을 비타민 K(koaguiation : 응고성)라고 이름 지었습니다. 이 비타민 K는 소화관 내에서 세균에 의해 합성되는데 이것은 간에서 프로트롬빈이 합성될 때 관여한다고 알려져 있습니다. 갓 태어난 아기는 세균에 오염될 기간이 없는 관계로 비타민 K와 프로트롬빈이 부족해 출혈이 생길 경우 위험한 상황이 초래될 수도 있다고 합니다.

얼마 후 스칸질로(Nathan Scanzillo)는 그의 논문에서 비타민 K와 프로트롬빈의 양이 생후 3일이 되면 정상인의 33%에 이르고, 이후 점차로 증가하여 8일째 되는 날에는 정상인보다도 더 높은 110%까지 올랐다가 그 후 다시 떨어져 100%를 유지하면서 일생을 살게 된다는 사실을 밝혀냈습니다.

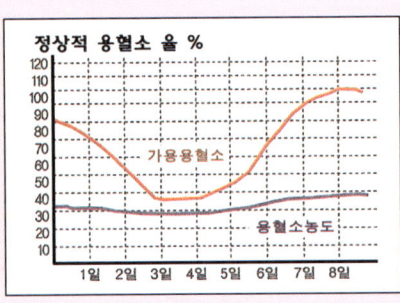

이것을 현대과학은 지금에서야 밝혀냈지만 성경은 이미 3,500년 전에 이 같은 사실을 분명하게 드러내 알려주고 있습니다.

사람이 출생해서 일생을 사는 동안 8일째 되는 날에 체내에서 피를 억제시키는 성분이 가장 강력하게 돌출된다는 사실과 그날이 할례를 받기에 제일 안전한 날이라는 것을 피의 응혈과정에 대해 전혀 의학지식을 갖고 있지 않던 그 시대에 어찌 사람의 지혜로 알 수가 있겠습니까…?

결국 이 같은 사실은 사람을 지으신 창조주가 아니라면 결코 불가능하다는 결론에 이르게 되는 것입니다.

"…아이 밴 자의 태에서 뼈가 어떻게 자라는지를 네가 알지 못함 같이 만사를 성취하시는 하나님의 일을 네가 알지 못하느니라" (전도서 11장 5절)

과학도 이미 성경이 하나님의 말씀이라는 사실을 분명하게 증거해 주고 있습니다. 우리는 이제 더 이상 하나님을 부인하는 어리석은 자가 될 것이 아니라 지금이라도 겸손한 마음으로 옷깃을 여미고 사랑과 자비가 풍성하신 하나님께로 나아가는 자가 되어야 하겠습니다.

"여호와를 경외하는 것이 지식의 근본이거늘 미련한 자는 지혜와 훈계를 멸시하느니라"
(잠언 1장 7절)

② 역사적 증거 │ 유럽을 휩쓴 흑사병

하나님께서는 성경 레위기 13장에서도 이스라엘 백성들의 위생법칙을 가르치시면서 문둥병자는 반드시 격리시켜 살도록 알려주십니다.

"나병 환자는 … 부정하다 할 것이요 병 있는 날 동안은 늘 부정할 것이라 그가 부정한즉 혼자 살되 진영 밖에서 살지니라"
(레위기 13장 45~46절)

사람들은 이 말씀 역시도 왜 그런지 이유를 알지 못하다가 3,000여 년이 지난 후에야 비로소 알게 되었지요. 기록으로 남은 인류 역사상 최악의 재앙(災殃)은 1347년 유럽 크리미아반도에서 이탈리아로 들어온 흑사병(黑死病)으로 수많은 사람을 떼죽음으로 몰아갔습니다.
다음 인용문은 그 당시의 절박했던 상황을 묘사한 것입니다.

> "이 전염병은 앞에 있는 것은 무엇이든지 휩쓸어 대면서 공포와 혼란을 연쇄반응적으로 일으켰다. 갑자기 파놓은 큰 구덩이 속에는 시체들이 아무렇게나 던져졌고 유언자들과 유언 집행자들이 같은 마차에 실려 와서 같은 구덩이에 함께 묻혔다."

원인을 알 수 없는 이 전염병으로 인해 유럽인구 4분의 1에 해당하는 2,500만 명이 목숨을 잃었습니다. 이 괴병은 아테네 몰락의 계기가 됐다고 역사가 "투키디테스"는 지적하고 있습니다. 전염병도 어엿하게 인류역사의 한 부분이지요. 유럽을 무차별로 휩쓸고 간 흑사병을 가리켜 역사가들은 "연쇄살인마"라고 기록하고 있습니다.

영국 런던에서만 매주 6,000여명의 사상자를 내며 이 살인마의 살육은 절정에 이르게 됩니다. 의사들조차도 전혀 손을 쓸 수가 없게 되자 결국 시체를 처분하는 일이 성직자들의 손에 맡겨졌습니다.

그때 고심하던 성직자들은 결국 수천 년전에 하나님께서 지시하신 전염병 처리방법 "그가 부정한즉 혼자 살되 진영 밖에서 살지니라"는 말씀에 따라 환자들을 격리수용하기 시작했습니다. 그 결과 놀랍게도 전염병은 그쳤고 그로인해 수많은 인명을 죽음의 공포에서 구원할 수가 있었던 것이지요.

만약 성경에 기록된 이 한구절의 말씀이 없었다면 인류는 이미 그 시대에 멸망할 수밖에 없었을 것입니다. 이 말씀을 어찌 하나님의 말씀이 아니라고 부인할 수가 있겠습니까?

◀ 프랑스 마르세유 지방에 흑사병이 도는 모습

"하나님은 사람이 아니시니 거짓말을 하지 않으시고 인생이 아니시니 후회가 없으시도다 어찌 그 말씀하신 바를 행하지 않으시며 하신 말씀을 실행하지 않으시랴"

(민수기 23장 19절)

③ 기상학적 증거   물의 순환과정

하나님께서는 성경을 통해서 물의 순환과정까지도 자세히 설명해주고 계십니다. 물은 증발(蒸發), 응결(凝結), 강수(降水)의 3단계를 거쳐서 순환하고 대양이나 강으로부터 매일 수백만 톤의 물이 태양열에 의해 하늘로 증발합니다.

"그가 물방울을 가늘게 하시며 빗방울이 증발하여 안개가 되게 하시도다 그것이 구름에서 내려 많은 사람에게 쏟아지느니라" (욥기 36장 27~28절)

태양은 물의 표면을 데워 수증기가 되어 하늘로 오르게 하고 그것이 구름이 되고 비와 눈을 이루어 다시 땅으로 쏟아져서 물이 흘러 식물과 동물과 사람이 살게 되는 것이지요.

"이는 비와 눈이 하늘로부터 내려서 그리로 되돌아가지 아니하고 땅을 적셔서 소출이 나게 하며 싹이 나게 하여 파종하는 자에게는 종자를 주며 먹는 자에게는 양식을 줌과 같이 내 입에서 나가는 말도 이와 같이 헛되이 내게로 되돌아오지 아니하고 나의 기뻐하는 뜻을 이루며 내가 보낸 일에 형통하리라" (이사야 55장 10~11절)

식물 또한 증산작용(蒸散作用)에 의해 끊임 없이 수증기를 내뿜고 있습니다. 보통 나무 한 그루가 1년간 증발시키는 수증기의 양은 약 4,000~5,000겔론에 달합니다.

수증기는 공기 중으로 흡수되지만 일단 대기의 온도가 포화점(飽和點) 이하로 낮아지면 수증기는 응결하여 구름이 되지요. 이 구름의 수증기 입자가 충돌에 의해 점점 커져서 물방울이 되면 마침내 비가 되어 땅으로 내리는 것입니다.

"구름에 비가 가득하면 땅에 쏟아지며"
(전도서 11장 3절, 상 반절)

비가 내리면 그 일부는 지하수로 갇히고 일부는 식물에 의해 사용되고 나머지는 호수나 연못, 강, 바다로 흘러가서 순환이 되풀이 됩니다. 바다는 곧 비의 주요 근원이 되는 것이지요.

"바닷물을 불러 지면에 쏟으시는 이니 그 이름은 여호와시니라"
(아모스 9장 6절, 하 반절)

물의 순환과정은 16~17세기경에 와서야 비로소 밝혀졌습니다.
페라울트(Pierre Perrault)와 마리오테(Edmund mariotte)의 실험결과 물이 순환한다는 증거가 최초로 확인된 것입니다. 천문학자 할레이(Halley)도 '강수와 증발이 평형(平衡)을 유지하고 있다'는 사실을 증명하였습니다. 그러나 과학자들이 물의 순환개념을 수립하기 2,000년 전에 이미 성경은 순환과정을 너무도 구체적으로 자세하게 설명해주고 있습니다.

"모든 강물은 다 바다로 흐르되 바다를 채우지 못하며 강물은 어느 곳으로 흐르든지 그리로 연하여 흐르느니라"   (전도서 1장 7절)

성경에 기록된 하나님의 말씀은 과학과 정확히 일치할 뿐만 아니라 도리어 현대과학을 수천 년이나 앞서 간다는 사실입니다. 이 얼마나 놀라운 일입니까. 성경이야말로 진정 창조주 하나님의 말씀임을 우리 모두는 믿지 않을 수가 없다 하겠습니다.

"땅을 물 위에 펴신 이에게 감사하라 그 인자하심이 영원함이로다"   (시편 136편 6절)

③ 천문학적 증거　허공에 떠 있는 지구

　현대인이라면 대기권 밖의 우주공간이 캄캄한 흑암으로 덮여있다는 것은 누구나 잘 알고있는 사실입니다.
　그럼 옛날 사람들은 어떻게 생각을 했을까요…?
　그 시대의 사람들은 하늘이 파랗다고 생각할 수밖에는 없었겠지요. 인간의 눈으로 하늘을 올려다보면 당연히 파랗게만 보일 테니까요. 그러나 수천 년 전에 기록된 성경에서는 놀랍게도 하늘이 흑암이라고 알려주고 있습니다.

　　"내가 흑암으로 하늘을 입히며"　　　　　　　　　　(이사야 50장 3절, 전 반절)

옛날에는 천체 망원경도, 그렇다고 우주선이 있었던 것도 아닌데 어떻게 성경을 기록했던 기자(記者)는 하늘이 흑암이라는 사실을 알았을까요…? 그 시대 사람의 능력과 지혜로는 가히 상상조차 할 수 없는 일입니다.

더욱이 수세기 전까지만 해도 사람들은 오늘날과 같이 지구가 둥글다고 생각했던 것이 아닙니다. 지구는 커다란 쟁반같은 모양으로 둘레에는 바닷물이 떨어져 내린다고 생각했지요. 그런 탓에 배를 타고 너무 멀리 나가면 밑으로 떨어져 죽게 된다는 생각을 가지고 있었습니다. 심지어는 지구가 평평하여 코끼리가 떠받치고 있고, 또 그 밑에는 다시 커다란 거북이가 지탱하고 있다고도 생각했습니다. 지금 이 같은 말을 들으면 모두가 웃음이 나오겠지만 실상은 우리도 그 시대에 살았다면 역시 같은 생각을 할 수밖에는 없었겠지요.

하지만 그런 무지했던 시대에 기록된 성경 말씀에는 역시 놀랍게도 지구는 둥글다고 알려주고 있습니다.

"그는 둥근 땅 위에 앉으시나니 땅에 사는 사람들은 메뚜기 같으니라"
(이사야 40장 22절, 전 반절)

과거에는 지구가 무엇엔가 고정되어 있다는 생각이 지배적이었습니다. 이는 이집트의 천문학자 톨레미(Clandius Ptolemaeus)가 주장했던 이론으로 지구는 태양계의 고정된 중심으로 별이나 그 외 혹성들은 지구주위를 돌고 있다고 생각했지요. 이 같은 생각은 16세기 까지도 계속 되었습니다. 그러다가 1543년, 폴란드의 천문학자인 코페르니쿠스(Nicolus Copernicus)는 혹성의 운동과 지구의 회전에 관한 새로운 이론을 발표했지요.

코페르니쿠스의 지동설이 적힌 노트

코페르니쿠스가 생각한 우주

코페르니쿠스의 연구결과는 뉴턴(SIir Lsaac Newtel, 1642~1727)의 연구결과와 함께 혹성 운동에 관한 대부분의 현대적 개념의 기초를 이루고 있습니다. 코페르니쿠스는 지구가 회전함은 물론 둥글다는 견해를 지지하고 지구가 태양주위를 돌고 있는 것에 관해 자세히 설명했습니다.

그러나 그 시대에는 톨레미의 견해가 당시 종교지도자들에게 깊이 뿌리박고 있었기 때문에 코페르니쿠스의 이론은 심한 반대에 부딪혔습니다. 그 후 뉴턴의 만유인력(萬有引力)의 법칙을 발표하면서 지구는 허공에 떠있으며 태양과 지구 사이에는 보이지 않는 인력이 있어 지구를 붙잡고 있다는 사실을 비로소 알게 되었습니다.

뉴턴

뉴턴이 썼던 프리즘

그러나 성경에서는 뉴턴의 발견이전 이미, 이미 수천 년 전에 지구는 허공에 떠있다는 사실을 분명하게 알려주고 있습니다.

"땅을 아무것도 없는 곳에 매다시며"　　　　　　　　　　　(욥기 26장 7절 후 반절)

우리는 수많은 증거들 가운데 간단히 몇 가지 사실만 살펴보아도 이미 성경(聖經, Bible)이 하나님의 계시(啓示)로 기록된 창조주의 말씀이라는 분명한 확신을 갖게 됩니다.

수천 년 전에 천지를 창조하신 하나님이 아니라면 어느 누구라도 이 같은 말을 언급할 수가 있겠습니까?

"네가 하나님의 오묘함을 어찌 능히 측량하며 전능자를 어찌 능히 완전히 알겠느냐 하늘보다 높으시니 네가 무엇을 하겠으며 스올보다 깊으시니 네가 어찌 알겠느냐 그의 크심은 땅보다 길고 바다보다 넓으니라　　　　(욥기 11장 7절~9절)

과학자들도 이제는 성경을 가리켜 사실에 가깝다고들 이야기합니다.
이 또한 잘못된 말이지요.

> **성경은 사실에 가까운 것이 아니라 명확(明確)한 사실(事實)이기 때문입니다.**

아 멘

5. 성경은 왜 하나님의 말씀인가?

성경이 시작되는 창세기 1장 1절에는

"태초에 하나님이 천지를 창조하시니라"는

엄숙하고도 장엄한 창조의 선포로 시작됩니다.

간단한 한구절의 말씀이지만 누구라서 이 같은 말을 감히 언급할 수 있겠습니까?

창조를 했다면 창조된 그 모든 것을 설명해 줄 수도 있어야 하기 때문입니다.

히브리서 3장 4절
"집마다 지은 이가 있으니 만물을 지으신 이는 하나님이시라"

혹시라도 여러분은 하나님 외에 「내가 천지를 창조했다.」고 말하는 신을 보신 적이 있습니까?

봤냐~?

못 봤지!

그런데 왜 세상에는 그렇게 신이 많다냐?

지금 이 시대는 홍수가 범람하듯 흔한 것이 신이고 넘쳐나는 것이 종교입니다. 마치 해변에 모래알만큼이나 많지요.

인도에는 무려 1억 이상의 신이 있다고 하고

가까운 일본만 해도 800만 이상의 신이 있다고들 합니다.

「내가 천지를 창조했다.」 라고 주장하는 신도

그러나 분명한 사실은 지금까지 부처님도, 공자님도, 세상 그 어떤 신도

그렇다고 창조된 그 모두를 설명해 주는 신도 세상에는 존재하지 않습니다.

오직 한 분, 성경의 저자이신 하나님만이 계실 뿐이지요.

이사야 45장 18절

"대저 여호와께서 이같이 말씀하시되 하늘을 창조하신 이 그는 하나님이시니 그가 땅을 지으시고 그것을 만드셨으며 그것을 견고하게 하시되 혼돈하게 창조하지 아니하시고 사람이 거주하게 그것을 지으셨으니 나는 여호와라 나 외에 다른 이가 없느니라 하시니라"

만약 성경이 하나님의 계시가 아닌 인간의 사상을 개념화한 평범한 책이라면

그것은 오류 투성이일 것이며 이미 오래 전에 사람들의 기억 속에서 사라졌을 것입니다.

성경을 기록했던 선지자나 사도를 또한 기록하고 있는 모든 말씀이 자신들의 생각이 아닌 하나님께 받아서 기록했다는 사실을 명백하게 밝혀주고 있고 또한 그들 모두는 두려움과 경외심을 가지고 성경의 말씀을 기록했고 세상에 전파했던 것입니다.

특히 성경이 하나님의 말씀이라는 보다 확실한 증거는

바로 증험(證驗)과 성취함입니다.(신18:22)

성경의 예언은 일점일획까지도 반드시 성취된다는 점이지요.

우리가 마치 눈으로 현장을 목격하듯이 지난 역사 속에서 무서 우리 만치 정확하게 이루어 졌다는 사실입니다.

인간의 능력과 지혜로는 결코 기록할 수 없는 책이 바로 성경입니다.

이사야 34장 16절

"너희는 여호와의 책에서 찾아 읽어 보라 이것들 가운데서 빠진 것이 하나도 없고 제 짝이 없는 것이 없으리니 이는 여호와의 입이 이를 명령하셨고 그의 영이 이것들을 모으셨음이라"

성경에 예언된 모든 말씀이 사실 그대로 성취됐다면 우리는 과연 성경을 하나님의 말씀으로 믿어야 할까요? 아니면 알아보지도 않고 무작정 부인만 해야 할까요…?

하나님을 부인하는 것은 자기 자신을 부인하는 것과도 같습니다.
우리 모두는 하나님에 의해서 창조된 피조물이기 때문입니다.

6 영원한 베스트셀러 성경

성경은 이 세상을 밝혀주는 한 줄기 빛과도 같습니다.

어둠을 환히 밝혀주는 등불과도 같지요.

성경은 역사적으로 가장 오래된 책이며 과거로부터 이 시대에 이르기까지 인류에 가장 큰 영향력을 끼치고 있는 책임에 틀림없습니다.

시대를 초월해 다른 그 어떤 책보다도 가장 많이 팔리고 가장 많은 사람들에게 읽혀지고 사랑받아 온 놀랍고도 경이로운 하나님의 말씀입니다.

성경은 과거에도,

현재에도,

미래에 까지도

가장 많이 팔리고 읽혀질 부동의 베스트셀러이며 영원한 신간서적입니다.

성경은 이미 전 세계 거의 모든 나라와 민족(96%)에게 보급되었고

세계 6,912개 언어 중 2004년 말 현재

2,377개 언어로 번역되어 전 세계에 전파되었습니다.

이는 2002년 말보다 무려 74개 언어가 늘어난 숫자입니다.

2,344개의 언어는 세계 언어수의 ⅓에 불과하지만 이는 전 세계 인구의 94%이상이 사용하는 언어라는 점에서 문자로 표기할 수 있는 거의 모든 언어로 다 출간되어 있는 책이 곧 성경입니다.

야고보서 5장 7~8절

"…보라 농부가 땅에서 나는 귀한 열매를 바라고 길이 참아 이른 비와 늦은 비를 기다리나니 너희도 길이 참고 마음을 굳건하게 하라 주의 강림이 가까우니라"

손꼽아 기다리던 천국이 하루하루 우리들의 목전에 현실이 되어 다가오고 있는 것입니다.

우리는 지금 하나님이 경영하시는 마지막 종착역을 향해 달려가고 있습니다.

성경의 예언대로 그리스도의 복음은 마치 번개 빛과도 같이

지구촌 곳곳에 무서운 속도로 신속히 전파되고 있습니다.

온 세상에 전파되기 위해 전 세계의 모든 언어로 번역된 것입니다.

등과 기름을 온전히 준비할 수 있는 우리 모두가 되어야 하겠습니다.

마태복음 24장 42~44절
"그러므로 깨어 있으라 어느 날에 너희 주가 임할는지 너희가 알지 못함이니라… 이러므로 너희도 준비하고 있으라 생각하지 않은 때에 인자가 오리라"

7. 영(靈)적인 책 성경

성경은 하나님의 계시(啓示)로 기록된 창조주의 말씀입니다.

「계시(revelation)」라는 단어는 「감추인 것을 드러낸다.」라는 뜻을 지니고 있지요.

다른 방법으로는 결코 알려질 수 없는 것들을 하나님께서는 직접 성경을 통해서 나타내 주신 것입니다.

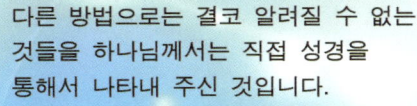

성경은 절대 망상의 내용이나, 추측, 가정 따위가 아닌 절대적인 진리를 드러내 주고 있습니다.

다른 그 어떤 부분에 의해서도 논박되거나, 타협되거나 상충되지 아니하고 전적으로 일관성을 지닌

절대 무오한 진리를 담고 있는 것이 곧 성경입니다.

위대한 신학자 B.B위필드(B.B Warfield)도 「성경은 하나님의 말씀이며 성경이 말하는 내용은 곧 하나님이 말씀하시는 것과 동일하다.」라고 말해주고 있습니다.

성경의 모든 말씀은 하나님의 감동으로 기록된 것입니다.
(딤후 3:16~17)

우리말의 「감동」으로 번역된 단어는 「하나님의 숨을 내쉬었다」라는 뜻을 지니고 있습니다.

그러기에 성경은 일반 책들과 같이 세상지식이나 육신적인 눈으로만 바라본다면

성경이 정말 하나님의 말씀일까?
(자꾸 의심)

말씀을 이해하고 깨닫는다는 것이 사실상 불가능합니다.

반드시 영적인 눈으로 보아야 합니다. 성경은 곧 영이신 하나님의 말씀이기 때문입니다.

이미 그 사실을 지난 인류역사가 명백하게 증거해 주고 있지요.

기록된 모든 예언의 말씀이 사실 그대로 이루어졌다면 앞으로 다가올 하나님의 심판은 과연 거짓일까요…?

결코 그렇지 않습니다.

그것은 믿지 않는 사람들의 희망사항일 뿐입니다.

하나님의 말씀은 결코 거짓이 없기 때문입니다.

성경은 절대 무오 한 진리이며

일점일획까지도 반드시 이루어진다는 사실을 우리 모두는 상기해야 하겠습니다.

민수기 23장 19절

"하나님은 사람이 아니시니 거짓말을 하지 않으시고 인생이 아니시니 후회가 없으시도다 어찌 그 말씀하신 바를 행하지 않으시며 하신 말씀을 실행하지 않으시랴"

8. 성경의 놀라운 통일성

인간은 보편적으로 이기적인 면과 자기중심적인 사상을 가지고 있는 탓에

일치된 하나의 통일성을 이끌어 낸다는 것이 좀체 쉽지가 않습니다.

작은 일에서부터 큰일에 이르기까지 몇 사람만 모여도 이미 서로 다른 의견들이 표출되고

특히 논란이 되는 복잡한 주제를 연구하고 다루다보면 그 상황은 더 한층 악화되고 어려워집니다.

이 같은 사실에 비춰볼 때 성경에서는 매우 대조적인 측면을 발견하게 됩니다.

바로 완전한 통일성이 그것입니다.

성경은 한권의 책인 동시에, 한 권속에 묶여진 66권의 책이기도 합니다.

서로 다른 역사적, 지리적, 환경 속에서 신분과 배경, 사상 또한 서로 다른

이 각각의 66권의 책들은 1,600연이란 장구한 세월에 걸쳐서

40여명의 사람들에 의해서 기록된 책이면서도

놀라우리만치 완벽한 통일성을 지니고 있다는 사실입니다.

87

전체적인 내용의 흐름이 마치 물이 흐르듯 너무도 자연스럽게 연결되어 있고

66권의 각 책, 각 단원, 각 단락, 각 절들은 다른 책들의 단원, 단락, 절들과 함께

성경은 정말 볼수록 놀랍군요.

그럴 수밖에 하나님의 말씀이니까~♪

기막힌 협동과 조화를 이루며 하나님과 인간들과의 관계를 주제로 한 일관된 통일성을 드러내 주고 있습니다.

마치 한 인격자가 기록한 것과 같이 그 뜻과 목적과 중심 진리의 흐름이

한 가지 방향으로 정확하게 맞춰져 있는 놀라운 통일성을 볼 때

사람들의 사상은 시대에 따라 큰 변화를 가져옵니다.

그런데 오랜 역사를 거치며 여러 많은 사람들을 통해서 기록된 성경이

이렇듯 완벽한 통일성과 조화를 이루고 있다는 것은 사실상 기적과도 같은 일입니다.

이는 성경이 어떤 사람의 의도나 고안으로 된 것이 아니라는 사실을 잘 나타내 주고 있습니다.

성경은 곧 살아 역사하시는 하나님의 말씀이라는 사실을

이미 성경 그 자체가 강하게 증거해 주고 있는 것입니다.

그러기에 역사와 시대, 민족을 초월해

지금도 변함없이 모든 사람들로부터

끊임없는 사랑 속에 읽혀지고 있으며

거룩한 하나님의 말씀으로 불려지고 있는 것입니다.

기독교는 사실에 뿌리를 두고 있는 종교입니다.

따라서 성경의 말씀은 어느 것 하나도 거짓이 없지요.

결코 꾸며 만든 상상속의 이야기가 아닙니다.

왜냐하면 이미 그 모든 사실을

지난 인류역사가,

현대과학이

그리고 수많은 고고학적 유물과 유적들이 분명하게 증거해 주고 있기 때문입니다.

9. 성경의 놀라운 보존성

역사 이래 성경만큼 수많은 핍박과 환란을 겪은 책은 없습니다.

니체의 사신론(四神論), 다윈의 진화론(進化論), 마르크스의 유물론(唯物論)등은

모두가 성경을 불신시키려던 시도 중 하나였지요.

미국의 무신론자 로버트 잉거솔은 「이제 10년 후면 성경을 읽을 사람은 없을 것」이라고 주장했고

18세기 프랑스의 유명한 계몽주의 철학자 볼테르(Voltaire) 또한

「성경은 폐기된 책이다」라고 역설했습니다. (1778년)

심지어 「성경은 지상에서 사라져 박물관에서나 볼 수 있을 것이다」 라고 하면서 그는 50년 내에 기독교를 말살시키는 것을 보여 주겠다며 수많은 무신론 책자와 하나님을 반박하는 글을 썼지만

그의 집은 성경을 보급하는 성서공회가 되어 성경이 산더미 같이 쌓이게 되었고

도리어 그가 죽은 지 20년 만에

후에 그곳은 외국어 성경을 출판하는 파리의 본부가 되었습니다.

수많은 정치가, 사상가, 종교가들이 성경을 말살해 보려고 혈안이 되어

갖가지 방법을 동원해서 공격하고 비방을 했지만 성경은 지금도 변함없이 항상 최고의 위치에서 가장 많은 사람들에게 읽혀지고 사랑받는 세계제일의 베스트셀러가 되었습니다.

| 시편 10편 4절 | "악인은 그의 교만한 얼굴로 말하기를 여호와께서 이를 감찰하지 아니하신다 하며 그의 모든 사상에 하나님이 없다 하나이다" |

성경은 그야말로 세상의 온갖 풍파를 모두 겪으면서도 오늘날까지 완벽하게 보존되어 내려온 놀랍고도 경이로운 하나님의 말씀입니다.
만약 성경이 하나님의 말씀이 아니라면 결코 이 시대까지 보존될 수도, 전 세계에 전파될 수도 없었겠지요. 하나님의 계획과 섭리가 아니고서는 그 무엇으로도 설명이 되지 않습니다.

서양 문학을 대표하는 셰익스피어 전집의 사본이 약 150권 정도가 보존되어 있지만

성경의 사본은 구약이 1,000부, 신약이 약 5,000부 정도가 보존되어 있습니다.

1947년 한 양치기 소년이 잃어버린 양을 찾던 중

우연히 사해북쪽해안의 쿰란동굴 속에서

에스더를 제외한 거의 모든 성경 사본을 발견하였습니다.

▲ 쿰란 동굴

소년이 동굴 속으로 돌멩이를 던져 넣자 안에서 항아리 깨지는 소리가 들려 호기심에 안으로 들어가 본 결과 항아리 속에 가득히 담겨있는 성경사본을 발견하게 된 것이지요. 반경 1㎞이내에 있는 11개의 동굴에서 무려 600여 편의 사본과 함께 성경 필 사실, 수로, 목욕탕, 물 저장소, 주방, 회의장, 탑등이 발굴된 것입니다.

▲ 사해 두루마리 가운데 거의 완벽하게 보존된 이사야서 사본

그러나 조사결과 오늘날 우리가 읽고 있는 성경과 일점일획까지도 틀리지 않고 정확하게 일치한다는

놀라운 사실이 검증결과 밝혀진 것입니다.

마태복음 5장 18절
"진실로 너희에게 이르노니 천지가 없어지기 전에는 율법의 일점 일획도 결코 없어지지 아니하고 다 이루리라"

일점은 히브리 문자 중에서 가장 작은 부분이며, 일획의 의미는 변하는 문자 중에서 가장 작은 부분입니다.

예수님께서도 말씀하셨듯이 하나님의 말씀인 성경은 결코 인간이 바꾸거나 폐할 수 없는 것이며(요10:35)

절대적인 권위를 가지고 있음을 선포하고 있습니다.

마태복음 24장 35절
"천지는 없어질지언정 내 말은 없어지지 아니하리라"

10. 성경의 놀라운 역사성

기록을 통해서 알 수 있는 인류역사는 대략 4500년 정도에 불과합니다.

그 이전의 역사에 관해서는 추측만을 할 뿐 정확하게 알 수가 없지요.

과거에 역사를 모른다면 다가올 미래의 역사는 알 수 있을까요?

알 수 있을까요?

그건 더 모르지~!

인간은 시간(時間)과 공간(空間)을 벗어날 수 없는 존재이기 때문입니다.

결국 인간 능력의 한계라면

생로병사(生老病死), 즉 태어나 늙고 병들어 죽는 것을 결코 피할 수가 없습니다.

그리고 잠시 후에 일도 알지 못한다는 것이지요.

잠언 27장 1절 "네는 내일 일을 자랑하지 말라 하루 동안에 무슨 일이 일어날는지 네가 알 수 없음이니라"

그러기에 사람이 보는 역사는 항시 불완전 합니다.

신화나 전설을 만들어 이야기 할 수는 있어도

인류역사의 기원과 미래를 정확하게 알려줄 수는 없지요.

그것은 이미 인간능력의 한계를 벗어난 문제이기 때문입니다.

한번쯤 사람들이 말하는 역사를 생각해 보십시오.

간단히 단군 신화만 해도 환웅과

사람이 된 곰 사이에서

단군이 태어났다고들 합니다.

그런데 학교에서는 또 진화론을 가르치면서 원숭이가 진화해서 사람이 됐다고도 하지요.

그렇다면 우리네 조상은 곰입니까?

아니면 원숭이 입니까…?

이 얼마나 황당한 주장입니까.

시편 49편 20절 "존귀하나 깨닫지 못하는 사람은 멸망하는 짐승 같도다"

모두가 인간들이 꾸며 만든 상상속의 이야기로 말 그대로 신화나 거짓된 학설에 불과 할 뿐이지요.

> **시편** 14편 1절(전 반절)
> "어리석은 자는 그의 마음에 이르기를 하나님이 없다"

놀랍고도 경이로운 책입니다.

> **전도서** 8장 7절
> "사람이 장래 일을 알지 못하나니 장래 일을 가르칠 자가 누구이랴"

성경은 25%가 예언서로 이루어져 있고 「하나님이 말씀하시기를」이란 구절이 무려 3,800번이나 기록되어 있습니다.

성경이 하나님의 말씀이라는 가장 확실한 증거는

바로 성경의 예언과 인류역사가 정확하게 일치한다는 사실입니다.

성경의 예언과 인류역사는 마치 나란히 굴러가는 수레바퀴와도 같고,

맞물려서 돌아가는 톱니바퀴와도 같습니다.

성경은 곧 하나님이 보시는 인류역사이기도 하지요.

이사야 44장 6~7절
"…만군의 여호와가 이같이 말하노라 나는 처음이요 나는 마지막이라 나 외에 다른 신이 없느니라 내가 영원한 백성을 세운 이후로 나처럼 외치며 알리며 나에게 설명할 자가 누구냐 있거든 될 일과 장차 올 일을 그들에게 알릴지어다"

역시 하나님이라는 사실을 우리 모두는 꼭 기억해야 하겠습니다.

이사야 46장 9~10절

"…나는 하나님이라 나 외에 다른 이가 없느니라 나는 하나님이라 나 같은 이가 없느니라 내가 시초부터 종말을 알리며 아직 이루지 아니한 일을 옛적부터 보이고 이르기를 나의 뜻이 설 것이니 내가 나의 모든 기뻐하는 것을 이루리라 하였노라"

11. 성경의 예언은 반드시 이루어진다.

세상을 물로 심판하실 때에는 노아에게 미리 말씀해 주셨고,(창6:13~22)

아브라함에게 자세히 말씀하신 후에 행하셨지요.(창18:16~33)

소돔과 고모라 성을 유황불로 멸하실 때에는 (창19:24~25)

이스라엘 민족이 바벨론에 포로로 잡혀가기 전에도 예레미야 선지자를 통해서 미리 알려주셨고(렘25:11)

칠십년이 차면 바벨론에서 다시 이스라엘 땅으로 돌아오리라는 예언대로

이스라엘 민족은 칠십년이 되자 정확하게 다시 돌아왔습니다.(대하36:21)

▲ 독립선언문을 낭독하는 벤구리온 수상

| 마태복음
24장 32~33절 | "무화과나무의 비유를 배우라 그 가지가 연하여지고 잎사귀를 내면 여름이 가까운 줄을 아나니 이와 같이 너희도 이 모든 일을 보거든 인자가 가까이 곧 문 앞에 이른 줄 알라" |

이 세상 그 어떤 종교가 인류의 과거사를 이야기하고, 다가올 미래사를 예언하며 그 예언을 다시 예언된 대로 성취시켜 갈수가 있겠습니까. 이 같은 일은 인간의 능력으로는 절대 불가능합니다. 오직 천지를 지으신 창조주 하나님만이 행하실수 있는 일이지요.(사46:10)

이사야 42장 9절
"보라 전에 예언한 일이 이미 이루어졌느니라 이제 내가 새 일을 알리노라 그 일이 시작되기 전에라도 너희에게 이르노라"

하나님께서는 재앙을 내리실 때에는 먼저 피할 곳도 반드시 알려주시는 분입니다.

예루살렘의 멸망 때에는 그곳에서 나와 다시 그리로 들어가지 말라고 알려주셨고, (눅21:20~21)

홍수로 심판하실 때에는 방주로 들어가라고 알려주셨고,

소돔과 고모라 때에는 소알성으로 피하라고 알려주셨지요.

창세기 19장 22절
"그리로 속히 도망하라 네가 거기 이르기까지는 내가 아무 일도 행할 수 없노라 하였더라 그러므로 그 성읍 이름을 소알이라 불렀더라"

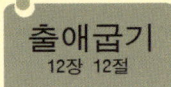

"내가 그 밤에 애굽 땅에 두루 다니며 사람이나 짐승을 막론하고 애굽 땅에 있는 모든 처음 난 것을 다 치고 애굽의 모든 신을 내가 심판하리라 나는 여호와라" 
출애굽기 12장 12절

애굽의 마지막 열 번째 장자재앙을 내리실 때에는 모세와 아론에게

여보~! 큰애가 죽었어요~
악~!
으악~!
뭣이라~ 큰애가~!
아이고~ 우리 맏아들이 죽다니~!
이 일을 어쩌~ 엉엉~

어린양을 잡아 그 피를 집문 좌우 설주와 안방에 바르게 하신 후 행하셨습니다.

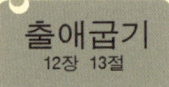

"내가 애굽 땅을 칠 때에 그 피가 너희가 사는 집에 있어서 너희를 위하여 표적이 될지라 내가 피를 볼 때에 너희를 넘어가리니 재앙이 너희에게 내려 멸하지 아니하리라"
출애굽기 12장 13절

이 사건은 마지막 재앙 때 유월절의 어린양 되신 그리스도의 피를 힘입어 죄사함을 받고 재앙을 면하게 될 것을 구약의 역사를 통해서 그림자로 보여주신 것입니다.

에베소서 1장 7절
"우리는 그리스도 안에서 그의 은혜의 풍성함을 따라 그의 피로 말미암아 속량 곧 죄 사함을 받았느니라"

이제 우리는 우리의 구원자가 되시며 하나님의 참 형상이신 그리스도를 영접해 그의 피로 죄사함을 받고 마지막 재앙을 면할 수 있는 지혜롭고 복된 우리 모두가 되어야 하겠습니다.

이것은 죄 사함을 얻게 하려고 많은 사람을 위하여 흘리는 바 나의 피 곧 언약의 피니라 (마26:28)

요한계시록 1장 3절
"이 예언의 말씀을 읽는 자와 듣는 자와 그 가운데에 기록한 것을 지키는 자는 복이 있나니 때가 가까움이라"

11. 왜 하나님을 믿어야 하는가?

다음으로 중요한 것은 물입니다. 물은 공기 다음으로 흔하지만 물 또한 없다면 인간은 결코 생명을 유지할 수가 없습니다.

사람에게 오장육부가 있다면

지구에는 오대양 육대주가 있고

지구 표면의 4분의 3이 물로 덮여있다면

우리네 인체 또한 70%가 수분으로 이루어져 있습니다. 그러기에 인간의 고향은 물(양수)입니다.

물은 지상생명의 근원인 것이지요.

우리가 음식물을 먹지 않고는 4~6주 정도를 버틸 수 있지만 물을 마시지 않고는 1주일 안에 사망하게 됩니다.

물… 물…!

그만큼 물은 인간의 생명 유지에 결정적 역할을 담당하고 있는 것입니다.

요한계시록 14장 7절

"그가 큰 음성으로 이르되 하나님을 두려워하며 그에게 영광을 돌리라 이는 그의 심판의 시간이 이르렀음이니 하늘과 땅과 바다와 물들의 근원을 만드신 이를 경배하라 하더라"

> **시편**
> 144편 15절
>
> "이러한 백성은 복이 있나니 여호와를 자기 하나님으로 삼는 백성은 복이 있도다"

인간에게 하나님을 떠난 진정한 행복은 존재하지 않습니다.

세계 3대 인생론의 저자 중 한 사람인 러시아의 대문호 「톨스토이」도 「인간의 진정한 행복은 하나님을 안다는 것, 이 한 마디에 달려있다. 인간은 하나님을 떠나서는 결코 행복해질 수 없는 존재이다.」라는 말을 남겼습니다.

요한일서 4장 7~8절
"사랑하는 자들아 우리가 서로 사랑하자 사랑은 하나님께 속한 것이니 사랑하는 자마다 하나님으로부터 나서 하나님을 알고 사랑하지 아니하는 자는 하나님을 알지 못하나니 이는 하나님은 사랑이심이라"

이 세상에 진정한 내 것은 없습니다. 받은 것만 있을 뿐이지요(욥41:11)

그러기에 내가 받은 것 이상을 내어 놓을 줄 알고, 내가 얻은 것 이상을 베풀 줄 아는 사람이 되어야 합니다.

자신의 유익만을 구하지 말고 모든 사람의 유익을 구하는 삶을 살아야 합니다.

우리의
삶이 내가 아닌 하나님을 위하고, 이웃을 위하는 삶이 된다면 그것이야 말로 참으로 존귀한 삶이라 할 수 있을 것입니다.
왜 만물의 영장입니까? 인간의 존귀함이 무엇입니까? 그것은 바로 창조주를 알고, 이웃을 알고, 사랑을 베풀 줄 알기 때문입니다. 짐승이나 벌레는 자기 먹을 것만을 걱정하지만 사람은 이웃의 배고픔도, 고통도, 슬픔까지도 걱정하기에 존귀합니다. 만일 사람이 자기만을 위해서 살아간다면 그것은 짐승이나 벌레의 삶과도 같은 것입니다. 나만을 위한 삶보다 더 존귀한 삶은 이웃을 위한 삶을 사는 것입니다. 이보다 더욱 존귀한 삶은 바로 하나님을 위한 삶을 사는 것이지요.

> "네 마음을 다하고 목숨을 다하고 뜻을 다하고 힘을 다하여 주 너의 하나님을 사랑하라 하신 것이요 둘째는 이것이니 네 이웃을 네 자신과 같이 사랑하라 하신 것이라 이보다 더 큰 계명이 없느니라" (마가복음 12장 30~31절)

이 세상에 태어나 하나님을 믿고 그리스도를 영접해 말씀에 순종하며 믿음의 삶을 살아가는 사람이야 말로 가장 행복한 사람입니다. 우리는 저 높은 곳, 우리를 지으신 창조주 하나님을 경외하고 그 분께 영광을 돌릴 때 진정 기쁨이 넘쳐나는 축복된 삶을 살 수 있다 하겠습니다.

> "하나님을 자기의 도움으로 삼으며 여호와 자기 하나님에게 자기의 소망을 두는 자는 복이 있도다" (시편 146편 5절)

할렐루야

"내 영혼아 여호와를 찬양하라 나의 생전에 여호와를 찬양하며 나의 평생에 내 하나님을 찬송하리로다" (시 146:1~2)

아멘

| 맺는 글 |

죽음 후에 오는 하나님의 심판

우리는 지금 죄악이 충만한 시대를 살아가고 있습니다. 마치 성경에 기록된 소돔과 고모라의 시대를 연상하게도 되지요. 그러기에 요즘 사람들은 너 나할 것 없이 「말세」라는 말을 너무도 자연스럽게 입에 떠 올리곤 합니다. 너무도 당연한 듯이 말들을 하지요. 이는 결국 믿지 않는 사람들조차도 하나님의 작정하신 심판의 때가 점차 다가오고 있음을 본인들 스스로가 은연중에 실토하면서 살아가고 있는 것이 아니겠습니까?

사람들은 지금 다가올 재앙을 알지 못한 채 스스로 멸망의 길을 열심히 재촉하고 있습니다. 한번쯤 세상을, 내 주변을, 잠시라도 올바른 마음과 눈으로 살펴 보십시오. 온통 거짓과 폭력, 음란으로 넘쳐나고 있지 않습니까? 인간의 도덕성은 무너지고, 양심이 사라지고, 인간의 이기심은 극에 달해 마치 인간이 점차 짐승으로 변해가는 것이 아닌가하는 의구심마저도 갖게 됩니다. 죄악이 이토록 충만한 세상…! 이 패역하고 타락된 세상을 과연 하나님께서는 언제까지나 지켜만 보실까요…?

> "이로 말미암아 그 때에 세상은 물이 넘침으로 멸망하였으되 이제 하늘과 땅은 그 동일한 말씀으로 불사르기 위하여 보호하신바 되어 경건하지 아니한 사람들의 심판과 멸망의 날까지 보존하여 두신 것이니라"　　　　　　　　　　　　　　　(베드로후서 3장 6~7절)

성경에 기록된 예언의 말씀은 과거로부터 이 시대에 이르기까지 한 치의 오차를 허용치 않고 하나님의 계획하시고 목적하시는 대로 차곡차곡 성취되어 왔습니다. 이제 그 계획하시고 작정하신 때가 점차 우리들의 목전을 향해서 다가오고 있는 것입니다. 그러나 이 같은 사실을 깨닫지 못하는 사람들은 마치 이 땅에서 영원히 살기라도 할 듯이 눈에 보이는 세상적인 것만을 추구하며 온갖 이기심과 욕심 가운데 살아갑니다.

> " 그들의 은과 금이 여호와의 분노의 날에 능히 그들을 건지지 못할 것이며 이 온 땅이 여호와의 질투의 불에 삼켜지리니 이는 여호와가 이 땅 모든 주민을 멸절하되 놀랍게 멸절할 것임이라"　　　　　　　　　　　　　　　　　　　　　(스바냐 1장 18절)

만약 사람들이 지옥이 존재한다는 사실과 하나님의 심판이 있다는 사실만 알았어도 이 사회가 지금과 같이 이렇듯 도덕윤리가 무너진 타락된 사회가 되지는 않았을 것 같습니다. 그러기에 우리는 천국도 알아야 되겠지만 지옥이 있다는 사실만은 반드시 알아야 합니다. 왜냐하면 그곳은 영원한 후회와 탄식과 고통만이 있는 곳이기 때문입니다. 모든 희망과 소망이 단절된 곳이기 때문입니다.

지옥은 불이 영원히 타는 곳입니다. 그 뜨거움은 인간의 상상을 초월합니다. 성경에는 「불못」(계20:14) 또는 「불과 유황이 타는 못」 (계21:8)이라고 기록되어 있습니다. 1000도 이상의 고온에서 타는 것이 유황입니다. 유황은 타는 냄새 또한 지독해서 공해의 으뜸이기도 하지요.

"풀무 불에 던져 넣으리니 거기서 울며 이를 갈게 되리라"   (마태복음 13장 42절)

「풀무불」 이라고 표현된 지옥! 곧 철을 녹이는 불입니다. 이 얼마나 두렵고 무서운 말씀입니까. 나 자신이 이 풀무불 속에 갇혀서 영원히 고통을 받게 된다고 한 번쯤 상상해 보십시오. 얼마나 끔찍하고 몸서리 쳐지는 일이겠습니까.

"만일 네 손이 너를 범죄하게 하거든 찍어버리라 장애인으로 영생에 들어가는 것이 두 손을 가지고 지옥 곧 꺼지지 않는 불에 들어가는 것보다 나으니라"   (마가복음 9장 43절)

성경에는 천국보다도 지옥에 관한 말씀이 더욱 많이 기록되어 있습니다. 하나님의 심판과 지옥에 대해서 수없이 경고해 주고 있지요. 하지만 사람들에게 지옥을 이야기 하면 불쾌하게 여기는 분들이 많습니다. 도리어 「누구 겁주냐~!」는 식으로 앙칼진 말까지도 서슴지 않고 합니다. 때로는 「지옥에 가면 기름 값 걱정 안 해도 되겠네~! 따뜻해서 좋겠는 걸~!」 하면서 농담까지도 하지요. 과연 그들이 지옥이 어떤 곳인지를 알았다면 이 같은 농담을 함부로 할 수 있었을까요?

"거기에서는 구더기도 죽지 않고 불도 꺼지지 아니하느니라 사람마다 불로써 소금 치듯 함을 받으리라"   (마가복음 9장 48~49절)

지옥을 부인하는 것은 마치 달려드는 기차를 모르고 철로를 베개 삼아 깊은 잠에 빠져있는 술 취한 사람과도 같습니다. 만약 심판도 없고 천국과 지옥도 없이 이 땅에서 살다가 죽는 것으로 모든 것이 끝이라면 차라리 세상을 내 편한대로 살고, 마음껏 죄도 짓고, 온갖 육신적 쾌락만을 쫓아가며 양심 없이 살아가는 사람들이야말로 훨씬 더 지혜롭고 현명한 사람이 될 수도 있을 것입니다. 반면에 이 모든 것을 믿고 인내하면서 살아가는 그리스도인들이야말로 어찌 보면 세상에서 가장 어리석은 사람이 될 수도 있겠지요. 과연 누가 현명하고 누가 어리석은 사람일까요…? 이제 그것이 가려질 시간이 점점 우리들 곁으로 현실이 되어 다가오고 있습니다.

"…그러나 주의 날이 도둑 같이 오리니 그 날에는 하늘이 큰 소리로 떠나가고 물질이 뜨거운
불에 풀어지고 땅과 그 중에 있는 모든 일이 드러나리로다" (베드로후서 3장 10절)

천국도 영원한 곳이고 지옥 또한 영원한 곳입니다. 천국은 슬픔도 고통도 사망도 없이 하나님과 함께 영원히 영광을 누리는 곳이지만 지옥은 마귀와 함께 유황불속에서 세세토록 고통만을 받는 곳입니다.

"…불과 유황으로 고난을 받으리니 그 고난의 연기가 세세토록 올라가리로다"
(요한계시록 14장 10~11절, 중 반절)

성경에서 「죄의 삯은 사망」(롬6:23)이라고 알려주고 있듯이 인간에게는 「육신과 사망」과 「영혼의 사망」이 있습니다. 그래서 예수님께서도 "오직 몸과 영혼을 능히 지옥에 멸하시는 자를 두려워하라"(마10:28)고 말씀해 주셨던 것이지요.

"… 각 사람이 자기의 행위대로 심판을 받고 사망과 음부도 불못에 던져지니 이것은 둘째 사
망 곧 불못이라 누구든지 생명책에 기록되지 못한 자는 불못에 던져지더라"
(요한계시록 20장 13~15절)

지옥이 없다면 천국도 없는 것이고, 지옥이 없다면 예수님 또한 이 땅까지 오셔서 그렇듯 처참하게 십자가에 달려 죽으셔야 할 이유 또한 없을 것입니다. 왜냐하면 예수님께서는 심판을 받아 지옥으로 가게 될 불쌍한 죄인들을 구원하시려고 이 땅까지 오셔서 우리 죄를 대신해 유월절의 희생양으로 친히 십자가를 지시고 그 험한 골고다의 언덕을 오르신 것이기 때문입니다.

"미쁘다 모든 사람이 받을 만한 이 말이여 그리스도 예수께서 죄인을 구원하시려고 세상에
임하셨다 하였도다" (디모데전서 1장 15절, 전 반절)

하나님께서는 「공의(公議)의 하나님」(사30:18)도 되시지만 「사랑의 하나님」(요일4:16)도 되시기에 하나님을 떠나 멸망의 길로 달려가고 있는 가련한 인생들을 지켜보시며 안타까워하십니다. 그러기에 이 순간까지도 길이 참으시며 부디 마음을 돌이켜 회개하고 돌아오기만을 애태우며 기다리고 계시는 것이지요.

"주의 약속은 어떤 이들이 더디다고 생각하는 것 같이 더딘 것이 아니라 오직 주께서는 너희
를 대하여 오래 참으사 아무도 멸망하지 아니하고 다 회개하기에 이르기를 원하시느니라"
(베드로후서 3장 9절)

값없이, 조건 없이 베푸시는 하나님의 이 놀라운 은혜와 구원의 축복을 끝내 믿지 못한 채 언제까지나 외면하고 배척만 한다면 결국 그 사람은 하나님의 무서운 심판과 지옥의 형벌을 결코 피할 수 없을 것입니다. 이제 우리는 속히 회개하고 마음을 돌이켜 사랑과 자비가 풍성하신 하나님의 품으로 돌아가야 하겠습니다.

"우리가 이같이 큰 구원을 등한히 여기면 어찌 그 보응을 피하리요"
(히브리서 2장 3절, 전 반절)

빛과 어둠, 생명과 죽음, 진리와 거짓, 행복과 불행이 영원히 분리되는 이 두곳 가운데 우리는 반드시 어딘가 한곳을 가야만 합니다.

당신은 과연 어느 곳을 가시렵니까?
당신은 내세를 어느 곳에서 영원히 보내시렵니까?

"성령과 신부가 말씀하시기를 오라 하시는도다 듣는 자도 오라 할 것이요 목마른 자도 올 것이요 또 원하는 자는 값없이 생명수를 받으라 하시더라"
(요한계시록 22장 17절)

왜? 여자님은 창조주인가? 확실한 증거 ❶

2012년 1월 20일 1판 1쇄 발행

글 쓰고 그린이 / 하지혜

펴낸이 / 임이록
사   장 / 이문기
디자인 / 임철홍
펴낸곳 / (주)두레미디어
출판등록 / 2004년 6월 10일 (제51-1호)
주   소 / 경기도 구리시 수택동 506-4 5층
전   화 / 031. 564. 4100

ISBN   978-89-6028-384-8 77230 (세트)
        978-89-6028-385-5 77230 (1권)

※ 작가와 협의에 의해 인지는 생략합니다.
   잘못된 책은 구입하신 곳에서 교환 가능합니다.